DETEKTIV
DANNY DODO
ERMITTELT

WARUM STERBEN TIERE AUS?
UND WAS KANNST DU DAGEGEN TUN?

E. A. SEEMANNS
BILDERBANDE

HALLO, ICH BIN DANNY DODO

Ich bin ein Detektiv auf einer Mission.
Im Laufe der Jahre sind Tausende von
unglaublichen Tieren ausgestorben.
Was ist mit ihnen geschehen und warum
sind sie überhaupt von der Erdoberfläche
verschwunden? Es ist meine Aufgabe,
das herauszufinden – und du kannst mir
dabei helfen!

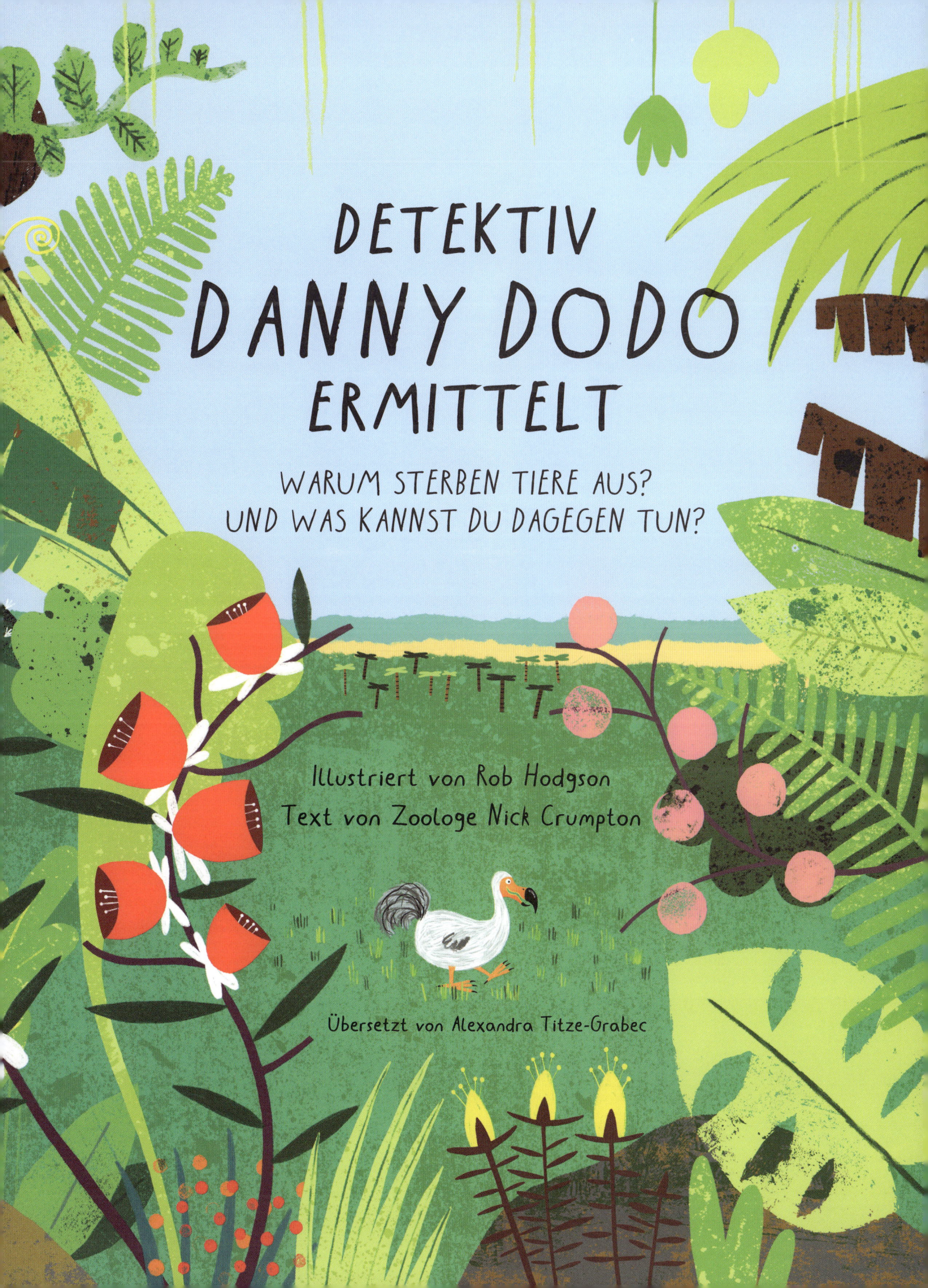

DETEKTIV
DANNY DODO
ERMITTELT

WARUM STERBEN TIERE AUS?
UND WAS KANNST DU DAGEGEN TUN?

Illustriert von Rob Hodgson
Text von Zoologe Nick Crumpton

Übersetzt von Alexandra Titze-Grabec

INHALT

ALLE WÖRTER MIT * FINDEST DU IM GLOSSAR

WANDERTAUBE
Die schaulustige Scarlet
S. 28

BAUMSCHNECKE
Legendäre Lilly
S. 30

WESTLICHES SPITZMAULNASHORN
Stolzer Siggi
S. 24

MOA
Mächtige Mildred
S. 34

GUAM-LIEST
Schrullige Sieglinde
S. 38

FRÖSCHE & KRÖTEN
S. 26

PINTA-RIESENSCHILDKRÖTE
Gordon der Gärtner
S. 32

BAIJI
Madam Mailin
S. 22

EINE KLEINE WARNUNG

Wusstest du, dass es Tausende gefährdete* Tierarten auf der ganzen Welt gibt? Sie können aussterben*, was bedeutet, dass es dann kein Tier dieser Art mehr gibt. Einige dieser Tiere stecken in größeren Schwierigkeiten als andere. Sie können sich nicht schnell genug anpassen, wenn ihr Lebensraum sich verändert. Andere müssen sich gegen eine stärkere Spezies* behaupten.

Je nachdem, wie viele von ihrer Art noch vorhanden sind, gelten sie als gefährdet, stark gefährdet* oder ausgestorben.

GEFÄHRDET

Das bedeutet, dass die Art von etwas bedroht ist, das zu ihrem Aussterben führen könnte: zum Beispiel durch Jagd oder den Verlust von Lebensraum.

STARK GEFÄHRDET

Stark gefährdete Arten sind in der Wildnis so gut wie ausgestorben. Manchmal fangen Menschen diese Tiere ein und helfen ihnen dabei, sich in Gefangenschaft* zu vermehren.

AUSGESTORBEN

Wenn Tierarten aussterben, dann verschwinden sie für immer von diesem Planeten.

Das kann aber auch das Leben der Arten, die noch da sind, schwerer machen. Denn viele Tierfamilien sind durch die Nahrungskette* miteinander verbunden. Beschützen wir die am stärksten bedrohten Tierarten, dann helfen wir auch allen anderen dabei, zu überleben.

Dass Tiere aussterben ist nichts Neues, doch seit es Menschen gibt, ist es viel schlimmer geworden. Aktuell sind 26.500 bekannte Tierarten vom Aussterben bedroht, und diese Zahl wird mit jedem Jahr größer. Es gibt eine Menge Gründe dafür!

KLIMAWANDEL

Dadurch, was wir Menschen tun, wird die Erdatmosphäre immer wärmer. Das bezeichnet man als Klimawandel*. Pflanzenarten gehen verloren und Tierarten sterben aus, weil sie sich nicht an die heißeren Temperaturen anpassen können.

VERLUST DES LEBENSRAUMS

Landwirtschaft* zerstört den natürlichen Lebensraum der Tiere. Viehwirtschaft* setzt eine Menge Treibhausgas* frei, was den Klimawandel noch verschlimmert.

ABHOLZUNG*

Menschen haben weltweit riesige Mengen an Bäumen abgeholzt. Auch das verursacht Klimawandel; sauberes Wasser geht verloren und Tierbehausungen* werden zerstört.

ÜBERJAGUNG

Menschen haben Tiere als Nahrung für sich gejagt, wegen ihres Fells, oder einfach, weil es ihnen Spaß machte. Wenn zu viele Tiere getötet werden, kann eine gesamte Art ausgerottet werden.

DODO
DETEKTIV DANNY

MAURITIUS

Du kennst mich ja bereits! Ich lobe mich ja ungern selbst, aber ich war einer der berühmtesten ausgestorbenen Vögel. Zum ersten Mal hat mich 1598 ein Mensch gesehen, und das letzte Mal wurde ich 1662 gesichtet. Ich wurde 1 Meter groß und mit meinem flotten Büschel an Schwanzfedern war ich ein echter Hingucker. Dies ist meine Geschichte.

MIT BEIDEN FÜSSEN AUF DEM BODEN

Meine Flügel waren zwar gut, um das Gleichgewicht zu halten und um zu balzen* ... aber nicht, um zu fliegen! Also nistete ich auf dem Waldboden und in Küstennähe. Ich war schwerer als die Vögel, die durch die Lüfte segelten, aber ich war nicht fett!

MENÜ À LA MAURITIUS

Am liebsten fraß ich Nüsse, Früchte, Samen und Wurzeln. Mit meinem krassen Schnabel konnte ich sehr hartes Futter knacken und teilte das freiwillig mit meinen Nachbarn: Eulen, Tauben, Sittiche und Reiher.

WIE UNHÖFLICH!

Was mich ein bisschen enttäuscht hat:
Die Seeleute, die nach Mauritius kamen,
wollten tatsächlich wissen, wie ein Dodo
schmeckt! Die Antwort? Nicht sehr gut.
Das hat sie aber nicht davon abgehalten,
etliche meiner Tanten, Onkel und Cousins
zu verputzen.

DES RÄTSELS LÖSUNG

Wenn du nun glaubst, dass wir ausgestorben sind, weil die
Menschen zu viele von uns verspeist haben, dann denk lieber
noch einmal nach. Wir schmeckten doch eklig, oder?
Mit den Menschen kamen auch neue Tierarten – Schweine,
Hunde und Katzen – und die haben unser Futter und unsere
Eier gestohlen. Das Leben wurde einfach zu schwierig.

9

ZWERGELEFANTEN
PAULCHEN

MITTELMEERRAUM

Ich habe herausgefunden, dass große Tiere kleiner wurden,
wenn sie zum Beispiel Inseln besiedelten. Genau das ist auch
mit Paulchen geschehen. Vor etwa 800.000 Jahren senkte sich
der Meeresspiegel* und die zehn Tonnen schweren Vorfahren*
der Zwergelefanten begannen, auf Inseln im Mittelmeer
abzuwandern*. Das Inselleben tat ihnen gut, also warum
starben sie dann um 11.000 v. Chr. aus?

INSELLEBEN

Paulchens Familie stellte fest, dass es viel weniger Nahrung
auf der Insel als auf dem Festland gab. So entwickelten*
sie einen kleineren Körperbau, wodurch sie auch weniger
fressen mussten. Als Paulchen auf die Welt kam, wogen
Zwergelefanten nur 200 Kilo und waren etwa 1,4 Meter groß.

IMMER AUF DEM SPRUNG

Auch die Menschen waren stets auf der Suche nach neuen
Lebensräumen. Sie durchstreiften den Mittelmeerraum und
hielten Ausschau nach unentdecktem Land.

RÄTSEL GELÖST

Die Zwergelefanten waren neugierige Nasen und
hatten keine Angst vor Menschen. Leider waren sie
deshalb wohl auch leichte Beute* für Jäger.

11

FAULTIER-LEMUREN
MATTEO DER MACKER

MADAGASKAR

Matteo der Macker war ein relaxter Faultier-Lemur, der auf den Stränden Madagaskars einen gemächlichen und lässigen Lebensstil pflegte. Die meiste Zeit hing er einfach in Bäumen herum, aß vegane* Köstlichkeiten und chillte mit seinen Freunden. Genau das finde ich verdächtig: Wie bitte kann ein dermaßen liebenswürdiges Tier – halb Faultier, halb Lemur – mit einem so reizenden Charakter bloß aussterben?

SCHWERFÄLLIGER SCHWINGER

Matteo war ein Archaeoindris Faultier-Lemur. Er hatte ungefähr die Größe von einem heutigen Gorilla, war also viel größer als die Lemuren, die wir kennen. Matteo verbrachte den Großteil seiner Zeit auf dem Boden, obwohl er seine langen Arme auch nutzte, um – sehr, sehr langsam – in den Bäumen herumzuschwingen.

GELENKIGE GERLINDE

Zu Matteos besten Freunden zählte Gerlinde, eine Faultier-Lemurin aus der Familie der Palaeopropithecus. Wie die heutigen Faultiere hatte sie lange Arme und war ein totaler Yoga-Fan. Ihre gekrümmten Finger dienten ihr als Haken, um sogar die schwierigsten Positionen in der Luft auszuführen. Auf dem Boden war sie dagegen ein hoffnungsloser Fall.

SCHÖNHEIT INKLUSIVE

Jeder kannte Matteos glamouröse Tante Sophie, einen mittelgroßen Babakotia Faultier-Lemur. Anstelle normaler Zähne hatte Tante Sophie im Unterkiefer einen sogenannten „Zahnkamm", mit dem sie ihr Fell pflegte, bis es glänzte – quasi ein integriertes Beauty-Accessoire!

SCHRECKLICH LANGSAM

Faultier-Lemuren starben aufgrund des Klimawandels aus. Ich habe jedoch herausgefunden, dass sie auch von Menschen gejagt wurden. Woher ich das weiß? Auf ihren Knochen fand man Messerspuren – echt schrecklich! Sie waren einfach zu schwer und zu langsam.

STELLERSCHE SEEKUH
KOLOSSALER KONRAD

BERINGSEE

Konrad war ein wirklich unglaublich großer Kerl. Wie alle in seiner Familie wurde er fast 10 Meter lang – beinahe so lang wie ein Bus. Mit seiner Herde* aus Weibchen, Jungtieren und anderen Männchen schwebte dieser sanfte Riese gemütlich durch seine frostige Heimat und tat niemandem etwas zuleide. Wie konnte ein so gewaltiger Bursche nur von der Erde verschwinden?

MEERES-DELIKATESSEN

Konrad hatte zwar keine Zähne, das hielt ihn jedoch nicht davon ab, sein Menü aus Seegras und Seetang genüsslich zu verspeisen. Er benutzte die hornigen Kauplatten in seinem Maul, um sein Futter zu zerreiben.

GEMEINE SEEMÄNNER

Im Jahr 1741 saßen einige russische Seeleute auf einer Insel fest, als sie Konrads Herde erspähten. Rasch fanden sie heraus, dass die Seekühe leichte Beute waren. Ihr Fleisch schmeckte köstlich, und so kamen immer mehr Menschen, um es selbst zu probieren. In nur 27 Jahren waren die Stellerschen Seekühe durch die Jagd ausgerottet.

HERDENSPASS

Konrad liebte es, mit seiner Herde im kühlen, flachen Wasser zu dümpeln, wo er sich mit seinen stummeligen Vorderflossen auf dem Meeresboden vorwärtsstieß, so wie du vielleicht deinen Tretroller fährst!

RIESENALK
SUSI DER SCHWIMMENDE SUPERSTAR

NÖRDLICHES POLARMEER

Die talentierte Susi war beileibe kein gewöhnlicher Vogel. Anstatt zu fliegen, glitt sie mit ihren Stummelflügeln durch das Meer. Sie liebte das Wasser. Meine Ermittlungen haben ergeben, dass Susi von Menschen gejagt wurde – aber weshalb?

GEMÜTLICHE GESELLEN

Susi und ihre Freunde waren liebenswürdige Vögel, die sich selbst nicht verteidigen konnten.

SCHWIMMFLÜGEL

Susi war im Nördlichen Polarmeer leicht
zu erkennen. Wenn sie sich aufrichtete,
war sie mit ihren 75 cm und ihrem
großen, furchigen, schwarzen Schnabel
kaum zu übersehen.

ZUR STRECKE GEBRACHT

Riesenalke wie Susi wurden in großen Mengen
getötet. Was wollten die Menschen von ihnen?
Die Antwort lautet: alles. Ihr Fleisch, ihr Fett
und ihre Federn. Je seltener sie wurden, desto
wertvoller wurden ihre Eier.

SCHEUE PAPAGEIEN

Aufgrund von Wilderei* und dem Verlust ihres Lebensraums werden 28 % aller Papageienarten als „weltweit bedroht" eingestuft. Aber es gibt auch gute Neuigkeiten! Menschen, die sich um Tiere sorgen, haben das Problem erkannt und arbeiten hart daran, die Dinge wieder ins Lot zu bringen.

KUBA-ARA
FABELHAFTE FRANZI, KUBA

Dieses kleine und farbenprächtige Supermodel wurde von den Menschen so für ihre Schönheit bewundert, dass sie sie einfingen und als Haustier verkauften. Der Lebensraum der Aras begann zu leiden. Als Kuba Jahr für Jahr von Wirbelstürmen getroffen wurde, sank ihre Zahl noch weiter.

KAROLINA-SITTICH
HANSI DER HIPSTER, USA

Mit seinen grünen, roten, orangen und gelben Federn war Hansi immer bereit für die nächste Party. Er war Teil einer Schar von 200 Vögeln und jeder kannte ihn. Als die Menschen begannen, die Wälder abzuholzen, waren die Sittiche in Gefahr.

SPIX-ARA
SCHÜCHTERNE CHARLOTTE, BRASILIEN

Das traute Heim der scheuen, familienliebenden Charlotte lag im trockensten Teil Brasiliens. Sie nisteten in großen Carabeira-Bäumen und Charlotte wählte dafür jedes Jahr denselben Baum. Als die Menschen anfingen, die Bäume zu fällen, war das Zuhause der Aras rasch zerstört.

HOFFNUNG FÜR DIE ZUKUNFT

Durch den Handel mit Haustieren, den Verlust des Lebensraums und Wirbelstürme starben die letzten Kuba-Aras um 1865 aus. Abholzung, Jagd und Seuchen* rotteten Hansis Familie Anfang des 20. Jahrhunderts aus. Aber zu Charlotte und ihren Artgenossen gibt es Besseres zu berichten! Obwohl Spix-Aras in der freien Wildbahn ausgestorben sind, gelang es, sie in Gefangenschaft zu züchten.

19

TASMANISCHER TIGER
LADY TESSA

AUSTRALASIEN

Die elegante Lady Tessa war auch eine neugierige Jägerin! Ihre Familie war mächtig, zielstrebig und geheimnisvoll. Obwohl sie auf dem australischen Festland schon vor 2000 Jahren ausgestorben sind, überlebten Tausende von ihnen auf einer Insel namens Tasmanien. Tessa war äußerst clever und hatte das beste Gedächtnis der ganzen Insel.

DAS MAUL ZU VOLL GENOMMEN

Tessa hatte kräftige Kiefer, die sie unglaublich weit öffnen konnte. Ihr ungezogener Onkel Max jagte Nutztiere wie Schafe und Hühner, wodurch die ganze Familie die Wut der Bauern zu spüren bekam. Aber hey, er versuchte doch nur zu überleben!

20

HOME SWEET HOME

Tessas Unterschlupf wurde Bau genannt. Sie hatte mehr als ein Zuhause – zum Beispiel in Höhlen oder unter Felsen – da ihr Jagdrevier so groß war. Sie hatte es gerne bequem und machte es sich mit Vorliebe auf weicher Vegetation* gemütlich.

KEIN ENTRINNEN

Neben ihrer unglaublichen Kraft hatte Tessa auch eine tolle Ausdauer. Sie konnte ihre Beute so lange jagen, bis dieser die Puste ausging.

LADY IN SCHWIERIGKEITEN

Im 19. Jahrhundert fielen die Europäer in Australien ein und ließen sich dort nieder. Wenn Farmer Tessa in der Nähe ihrer Tiere erblickten, schossen sie auf sie. Tessa musste auch gegen neue Tiere und neue Krankheiten ankämpfen. Der letzte freie Tasmanische Tiger starb 1930. 6 Jahre später verendete auch das letzte Exemplar in Gefangenschaft.

BAIJI

MADAM MAILIN

CHINA

Die kurzsichtige Madam Mailin war ein Baiji, doch die Menschen nannten sie auch Jangtse-Flussdelfin. Sie glaubten, dass Delfine magische Kräfte hätten und der Verzehr ihres Fleisches sie vor bösen Geistern beschützen würde. Ich habe das genau recherchiert, da ich nicht glauben konnte, dass sie wirklich über Zauberkräfte verfügte, aber sie hat mich tatsächlich verzaubert!

SUPERSONAR

Mailins Sehvermögen war nicht besonders gut, aber der Jangtse-Fluss war so dunkel, dass gute Augen völlig sinnlos gewesen wären. Stattdessen benutzte sie den Schall*, um sich zu orientieren.

22

UNVERGESSLICH

Mit 2,15 Metern Länge war Mailin ein bisschen länger als die Männchen. Sie faszinierte sie mit ihrer charmanten Persönlichkeit.

MODERNES LEBEN

Warum verschwand Madam Mailin also aus dem Fluss? Baiji wie sie hatten 20 Millionen Jahre dort gelebt. Die Menschen fingen aber an, den Fluss für sich zu nutzen. Es gab Transport und Fischfang, außerdem wurden Staudämme* errichtet. Der Industrieabfall verschmutzte das Wasser.

WESTLICHES SPITZMAULNASHORN

STOLZER SIGGI

AFRIKA

Siggi liebte seine Mama. Er blieb drei Jahre bei ihr, ehe er sich in die Welt aufmachte. Sein erstes Horn war länger als einen Meter, und Siggi war sehr stolz darauf!

DIE GUTE ALTE ZEIT

Westliche Spitzmaulnashörner lebten mehr als 7 Millionen Jahre auf der Erde, bevor sie verschwanden. Sie zogen durch Länder wie den Südsudan, Kamerun und den Niger.

24

HARTE ZEITEN

Zu Beginn des 20. Jahrhunderts wurde das Leben für Siggi und seine Freunde echt hart. Die Menschen machten einen Sport daraus, die Nashörner abzuschießen. Und es wurden immer mehr Farmen errichtet, die den Lebensraum der Tiere zerstörten.

MEDIZINISCHE PROBLEME

Mitte des 20. Jahrhunderts wurde die traditionelle chinesische Medizin in Asien populär. Einige Menschen glaubten, dass das gemahlene Horn der Nashörner über Heilkräfte verfügen würde, also wurden die Tiere gejagt und getötet. 2011 war das Westliche Spitzmaulnashorn ausgestorben.

HILFREICHE MENSCHEN

Obwohl Siggi und seine Familie verschwunden sind, gibt es noch einige Spitzmaulnashörner. Mit Hilfe freundlicher Menschen können das Ostafrikanische, das Südliche und das Südwestliche Spitzmaulnashorn überleben. Und mein detektivischer Instinkt sagt mir, dass es da draußen noch ein paar tierliebe Menschen gibt!

FRÖSCHE & KRÖTEN

Diese ruhigen Tierchen gingen den Menschen aus dem Weg.
Wie konnten solche zurückhaltenden Tiere also aussterben?
Ich hatte den Verdacht, dass da mehr dahinter steckte ...

MAGENBRÜTERFROSCH
VICKI DER VIELFRASS, OST-AUSTRALIEN

Vicki und ihre Familie liebten das Wasser, weshalb sie
an Flüssen oder Bächen lebten. Sie bauten ihr Zuhause
in Wäldern. Ich konnte es kaum glauben, als ich herausfand,
wie sie ihre Babys schützten. Vicki verschluckte ihre Eier!
Wenn sie sie wieder ausspuckte, waren es fertige Frösche.
Echt clever... aber ich bin trotzdem froh, dass meine
Mama das nicht versucht hat!

GOLDKRÖTE
DER FAMOSE ANGELO, COSTA RICA

Angelo war ein flotter Kerl, der knallige Farben
liebte. Er lebte in einem Nebelwald* und setzte
keinen seiner schwimmhäutigen Füße vor die
Erdhöhle, wenn er nicht umwerfend aussah.
Zuletzt sah man ihn vor über 30 Jahren.

SRI LANKA-RUDERFROSCH
DIE WIRRE LOLA, SRI LANKA

Lola war so versessen darauf, erwachsen zu werden,
dass sie das Kaulquappenstadium* einfach übersprang
und vom winzigen Ei gleich zum Frosch wurde. Als
Mutter war sie jedoch ein hoffnungsloser Fall – sie legte
ihre Eier zwischen abgefallene Blätter und überließ sie
dann einfach ihrem Schicksal!

RABBS' FRANSENZEHEN-LAUBFROSCH
LUFTWAFFEN-FINN, PANAMA

In Panama sprachen alle von dem unglaublichen fliegenden Frosch.
Finn lebte hoch oben im Nebelwald und glitt mit seinen riesigen
Schwimmhaut-Füßen durch die Luft. Eine tolle Idee, um Angreifern
zu entkommen! Er war ein guter Vater, aber ein untalentierter Koch.
Finn fütterte seine Babys mit Fetzen von alter Haut auf seinem Rücken!

DIE ÜBLICHEN VERDÄCHTIGEN

Im Laufe meiner Ermittlungen tauchten wieder die vier
altbekannten Unruhestifter auf – Menschen, Seuchen,
Verlust von Lebensraum und Klimawandel. Vicki, Angelo,
Finn und Lola hatten darunter zu leiden.

27

WANDERTAUBE
DIE SCHAULUSTIGE SCARLET

NORDAMERIKA

Scarlet war eine rastlose Reisende. Sie ließ sich niemals im erstbesten Laubwald nieder, da doch der nächste viel schöner sein konnte! Es gab so viel zu sehen auf der Welt. Allerdings flog sie nirgendwohin ohne die langen, weißen Fransen an ihrem Schwanz – ihr liebstes Modeaccessoire.

RASANTER SPEED

Scarlet war eine extrem schnelle Fliegerin. Mit ihrer schlanken Körperform und ihren kräftigen Muskeln erreichte sie Geschwindigkeiten von fast 100 km/h.

SONNENFINSTERNIS

Wenn Scarlet mit ihrem Schwarm unterwegs war,
haben sie die Sonne verdunkelt. 1866 in Ontario war
der Schwarm 1,5 Kilometer breit und 500 Kilometer lang.
Es dauerte 14 Stunden, bis sie vorbeigezogen waren.

SCHLECHTER RUF

Die Menschen betrachteten die Wandertaube
als Plage, die die Ernte ruinierte. Sie machten
Jagd auf sie. Das letzte Mitglied von Scarlets
Familie starb 1914.

BAUMSCHNECKE
LEGENDÄRE LILLY

HAWAII

Die Inselwelt Hawaiis ist für ihre Musik und ihre Tänze berühmt. Inselbewohnerin Lilly die Baumschnecke hatte die coolsten und langsamsten Hula-Schwünge drauf. Sie teilte ihr Zuhause mit mehr als 750 anderen Schneckenarten, darunter 200 Baumschneckenarten. Doch seit dem Jahr 1500 gibt es Lilly und Familie nicht mehr. Wie konnten diese blendenden Tänzer nur verschwinden?

DES DICHTERS MUSE

Lilly war nur 2 Zentimeter lang, aber sie war so farbenprächtig, dass die Menschen Geschichten über sie erfanden. Einige schrieben sogar Gedichte über sie!

SPEZIELLE SPIRALE

Die meisten Schneckenhäuser sind nach rechts gewunden, Lillys dagegen drehte sich nach links!

GESUNDE KOST

Lilly hielt sich in Form, indem sie sich von dem köstlichen Pilz ernährte, der auf Pflanzen wuchs.

TIERISCHE FEINDE

Die Menschen, die auf die Inseln kamen, brachten Rotwild, Ziegen und Schweine mit, die die Lebensräume der Schnecken zerstörten. Noch schrecklicher war jedoch Lillys Erzfeind, die gefürchtete Rosige Wolfsschnecke, die tatsächlich andere Schnecken fraß!

31

PINTA-RIESENSCHILDKRÖTE
GORDON DER GÄRTNER

GALÁPAGOS-INSELN

Gordon und seine Gärtner-Gang kamen vor 5 Millionen Jahren auf den Galápagos-Inseln an. Auf der Suche nach einem schönen Plätzchen, das sich als neues Zuhause eignete, surften sie den ganzen Weg aus Südamerika mit der starken Meeresströmung. Was geschah mit diesen gemütlichen Tieren, die so gut für diesen Planeten waren?

HALS ÜBER KOPF

Gordon ließ sich auf Pinta nieder, wo er prima Gras und Früchte fand. Dank seines langen Halses kam er gut durch die trockene, heiße Jahreszeit – ganz oben fand er immer eine stachelige Kaktusfeige..

HAUSMEISTER

Im 19. Jahrhundert sorgten die Schildkröten dafür, dass die Galápagos-Inseln immer schön sauber waren. Ziegen, die im 20. Jahrhundert auf Pinta angesiedelt wurden, zerstörten jedoch den Lebensraum so sehr, dass die Schildkröten nicht mehr genug Futter fanden, um zu überleben.

AUFREGENDE NEUIGKEITEN

Eine echte Schildkröte lässt sich nicht so leicht unterkriegen. 2019 entdeckte man im Galápagos-Nationalpark eine Fernandina-Schildkröte – 110 Jahre, nachdem das letzte Exemplar in freier Wildbahn gesichtet worden war. Sie ist vermutlich mehr als 100 Jahre alt. Es kommt noch besser: Vielleicht gibt es sogar noch mehr Riesenschildkröten, da man in der Nähe Fußabdrücke und Kot fand. Möglicherweise sind die Gärtner-Schildkröten schon bald zurück!

MOA
MÄCHTIGE MILDRED
NEUSEELAND

Bei der Befragung von Zeugen fand ich heraus, dass jeder in der Gegend ein wenig Angst vor Mildred, dem Hochland-Moa, hatte. Sie war eine eindrucksvolle Persönlichkeit! Von den 9 Arten dieser flugunfähigen* Vögel gehörte Mildreds Familie mit fast 3 Metern Höhe zu den größten. Die Weibchen wurden sogar doppelt so schwer wie die Männchen!

LAUT UND STOLZ

Selbst der gigantische Haast-Adler, der gern Jagd auf Moas machte, hielt sich fern von Mildred! Ihre dröhnende Stimme flößte jedem Respekt ein.

WADENWÄRMER

Mildred lebte hoch oben in den Bergen, wo es doch recht frostig wurde. Sie war sehr stolz auf ihre natürlichen fedrigen Wadenwärmer, die sie kuschlig warm hielten.

34

VEGGIE-FUTTER

Mildred war Vegetarierin und
ihre Lieblingsspeisen waren
Samen, Gräser und Blätter.
Dass sie nicht fliegen konnte,
störte sie nicht.

DER SCHLÜSSEL ZUM AUSSTERBEN

Weshalb starben in weniger als 100 Jahren
so viele Vögel aus? Menschen! Sie jagten
die Moas ihres Fleisches wegen und fertigten
aus den Knochen Angelhaken und Nadeln an.

35

PYRENÄENSTEINBOCK
BILLY BALLERINO

PYRENÄEN, ITALIEN

Zu meinen faszinierendsten Fällen gehörte Billy, ein grimmig guckender Pyrenäensteinbock. Seine Hörner waren mehr als 1 Meter lang, er wog 100 Kilo und galt als furchterregend. Tatsächlich war Billy jedoch extrem flink und ein talentierter Parkour*-Star.

HEIM, STEINIGES HEIM

Billy sprang am liebsten in steinigem Gelände herum. Dort ließ er sich Kräuter, Flechten und Gras schmecken. Der gesellige Steinbock besuchte oft seine Freunde, die auf kargem Ackerland und an der felsigen Küste lebten.

ESSENSBESCHAFFUNG

Als sich das Wetter veränderte, zog Billys Familie die Berge rauf und runter, damit sie auf frostfreiem Boden etwas zu Fressen finden konnten.

ZU VIEL WETTBEWERB

Die Menschen brachten andere Weidetiere in das Gebiet: Rotwild, Schafe und Ziegen. Bald gab es zu viele Tiere für zu wenig Futter. Damit waren Billys sorglose Tage beendet.

GUAM-LIEST
SCHRULLIGE SIEGLINDE

GUAM, MIKRONESIEN

Die Insel Guam war die Heimat eines schrillen und launischen
Vogels namens Sieglinde. Keiner, der sie kannte, hat sie je wieder
vergessen. Sie war zwar nur 20 Zentimeter lang, aber wenn jemand
es wagte, ihr Revier zu betreten, schlug sie lautstark Alarm.

ZERDEPPERN UND NISTEN

Als Hausfrau war Sieglinde eher bequem.
Mit ihrem großen Schnabel zerteilte sie im
Flug Baumrinde und baute damit ihr Nest.

SCHMACKHAFTE GAUMENFREUDEN

Einige Liest-Arten müssen nah am Wasser leben,
Sieglinde nicht. Sie richtete ihr Zuhause landeinwärts
ein, schnappte kleine Eidechsen und Insekten vom
Boden und motzte jeden an, der ihr dabei im Weg war.

FALSCHE SCHLANGEN

Guam-Lieste verschwanden vor über 30 Jahren. Das musste
ich genauer untersuchen! In den 1940er-Jahren brachten
die Menschen versehentlich Schlangen auf die Insel. Diese
gierigen Reptilien* verschlangen einfach die Eier der Vögel.
Heute gibt es auf der Insel keine grimmige Sieglinde mehr,
aber etwa 2 Millionen braune Nachtbaumnattern!

HOFFNUNG FÜR DIE ZUKUNFT

Für Sieglindes Verwandte gibt es doch noch ein
gutes Ende. Naturschützern gelang es, 20 Guam-
Lieste einzufangen und deren Küken in Zoos
großzuziehen. Es gibt nur wenige Exemplare
weltweit, doch ihre Chancen werden besser.

STARK GEFÄHRDETE TIERE
AN LAND

Mein Auftrag ist fast erfüllt! Wir haben ganz schön viel über faszinierende Tiere gelernt. Hoffentlich werden nicht noch mehr Arten aussterben, zu denen wir Ermittlungen anstellen müssen. Alle guten Detektive wissen: Ein Verbrechen sollte man stoppen, bevor es passiert. Genau jetzt gibt es Tausende Arten, die in Gefahr sind zu verschwinden. Mit deiner Hilfe können wir sie vielleicht retten!

WALDHUMMEL

Die kleine Hummel baut ihr Nest im Boden. Bei uns gibt es immer weniger Waldhummeln, weil so viele Blumenwiesen verloren gegangen sind.

AMUR-LEOPARD

Dieser seltene Leopard leidet unter Wilderei und dem Verlust von Lebensraum. Zwischen Russland und China leben nur noch 100 Tiere. In dieser frostigen Region lassen sich die Leoparden ein dickes Fell wachsen.

MALAIISCHES SCHUPPENTIER

Diese schuppigen Ameisenfresser leben in den Bäumen von Südostasien. Sie sind in Gefahr, weil die Menschen sie essen und ihre Schuppen in Arzneimitteln verwenden. Um sich selbst zu schützen, rollt sich das Tier zu einem Ball zusammen.

TAPANULI-ORANG-UTAN

Diese obstliebenden Menschenaffen leben in den Bäumen auf einer indonesischen Insel namens Sumatra. Es sind nur noch 800 Exemplare übrig, da ihre Heimat zerstört wird. Die Menschen fällen Bäume, um einen speziellen Damm zu bauen.

AXOLOTL

Coole Superkraft! Diese mexikanischen Amphibien* können sich bei einer Verletzung einfach neue Körperteile wachsen lassen. Doch die Menschen bedrohen das Leben von Axolotl: Umweltverschmutzung, Jagd und der Bau an Seen und Teichen.

41

STARK GEFÄHRDETE TIERE
IM MEER

WEISSKAPPENALBATROS

Globale Klimaerwärmung* und Umweltverschmutzung drohen diese riesigen australischen Seevögel auszurotten. Sie legen pro Jahr nur ein kostbares Ei.

SÜDLICHER BLAUFLOSSEN-THUNFISCH

Diese rasanten Schwimmer sind gefährdet, weil sie von den Menschen als Lebensmittel gejagt werden. Lässt man sie in Ruhe, dann können sie sogar 40 Jahre alt und bis zu 2,5 Metern lang werden. Man findet sie in allen offenen Meeren der Südhalbkugel.

VAQUITA – KALIFORNISCHER SCHWEINSWAL

Weltweit gibt es nur noch 10 bis 15 Schweinswale. Die scheuen kleinen Tiere geraten versehentlich in Fischernetze. Also arbeiten Wissenschaftler hart daran, alle zurückgelassenen Netze aus den Meeren zu entfernen.

NAPOLEON-LIPPFISCH

Mit seiner vorgewölbten Stirn und mehr als 2 Metern Länge entdeckt man diesen Fisch an den Korallenriffen* leicht. Er gilt als Luxuslebensmittel, das Wilddieben eine Menge Geld einbringt. Ihre Fischereimethoden gefährden die gesamte Spezies.

AETOMYLAEUS VESPERTILIO

Dieser verspielte Fisch aus der Familie der Adlerrochen lebt im Indischen Ozean, wo er gerne aus dem Wasser springt. Ungewollt wird der 2,5 Meter breite Fisch oft von Menschen gefangen.

WAS KANNST DU TUN?

Eine ganze Menge! Es gibt zahlreiche Möglichkeiten, um den Tieren zu helfen, mit denen wir uns den Planeten teilen.

PROBLEM: INTENSIVLANDWIRTSCHAFT

LÖSUNG: ISS MEHR GEMÜSE

Das Züchten einer großen Anzahl von Tieren für Fleisch und Milchprodukte kann dem Land und den anderen Tieren, die darauf leben, schaden. Essen wir weniger Fleisch, dann müssen Bauern nicht so viel Land dafür nutzen.

PROBLEM: VERLUST VON BÄUMEN

LÖSUNG: VERWENDE FSC-PAPIER

Wenn du etwas kaufst, das aus Papier oder Holz gemacht wurde, gehe sicher, dass es nachhaltig gewachsen ist und vom Forest Stewardship Council für gut befunden wurde.

PROBLEM: UMWELTVERSCHMUTZUNG

LÖSUNG: REDUZIEREN, WIEDERVERWERTEN, RECYCELN

Menschen werfen Kunststoff weg, der Jahrhunderte braucht, bis er zersetzt ist. Das schadet Land, Meer und Tieren. Versuche also, weniger Plastik zu verwenden und so viel wie möglich zu recyceln.

PROBLEM: KLIMAWANDEL

LÖSUNG: NUTZE UMWELTFREUNDLICHE VERKEHRSMITTEL

Autos und Flugzeuge produzieren viel Luftverschmutzung. Nimm so oft wie möglich den Zug oder das Fahrrad. Wenn du das Auto benutzen musst, dann organisiere doch Fahrgemeinschaften.

PROBLEM: VERLUST VON LEBENSRAUM

LÖSUNG: GÄRTNERE DOCH MAL

Viel Lebensraum von Tieren wurde durch Städte verbaut. Du kannst helfen, indem du Vogelhäuschen aufhängst, ein Insektenhotel baust, bienenfreundliche Blumen pflanzt und in deinen Gartenzaun Löcher machst, durch die ein Igel schlüpfen kann.

PROBLEM: WASSERVERLUST

LÖSUNG: SPARE WASSER

Flüsse, Seen und Feuchtgebiete sollen immer mehr Wasser für Menschen zur Verfügung stellen. Der Tierbestand im Süßwasser ist seit 1970 um 83 % zurückgegangen. Schütze Süßwasser-Ökosysteme, indem du weniger Wasser verbrauchst.

PROBLEM: ERWACHSENE HÖREN NICHT ZU

RETTET DIE WALE

ERNEUERBARE ENERGIE IST TOLL!

ISS GRÜN

PEDALKRAFT VORAUS

DANNY DODO

ES GIBT KEINEN PLANETEN B!

LÖSUNG: FINDE DEINE STIMME!

Du kannst Erwachsenen von den Tieren in diesem Buch erzählen. Erkläre ihnen, was mit uns geschehen ist und wie sie helfen können, die Tiere dieses Planeten am Leben zu erhalten!

GLOSSAR

Hier findest du das ganze Fach-Kauderwelsch, das du brauchst, um wie ein echter Tier-Experte zu klingen.

ABHOLZUNG – Wenn Menschen Wälder abholzen und roden.

ABWANDERUNG – Wenn ein Tier von einer Region oder einem Lebensraum in einen anderen wandert.

AMPHIBIEN – Tiere wie Frösche, Molche und Salamander, die ihre Eier ins Wasser legen und eine Wirbelsäule besitzen.

AUSSTERBEN – Ein Tier gilt als ausgestorben, wenn seine Art nicht mehr existiert.

BALZ – So suchen Tiere Partner, mit denen sie eine Familie gründen.

BEUTE – Ein Tier, das von anderen Tieren gejagt oder gefangen wird, um gefressen zu werden.

ENTWICKLUNG – Die langsamen Veränderungen an den Körperteilen eines Tieres oder an einer Pflanze im Laufe der Zeit (auch Evolution genannt).

FLEISCHFRESSER – Jedes Lebewesen, das andere Lebewesen verspeist.

FLUGUNFÄHIG – Ein Vogel, der trotz Flügel nicht fliegen kann.

GEFÄHRDET – Eine Spezies, die aufgrund der sinkenden Zahlen in freier Wildbahn höchstwahrscheinlich bald stark gefährdet sein wird.

GEFANGENSCHAFT – Tiere, die unter menschlicher Obhut auf Höfen oder in Zoos leben.

HERDE – Eine Gruppe von Tieren, die gemeinsam leben.

KAULQUAPPEN – Jungtiere von Amphibien.

KLIMAERWÄRMUNG – Der Prozess der steigenden Temperaturen auf unserem Planeten im Laufe der Zeit.

KLIMAWANDEL – Das Wetter ändert sich über einen langen Zeitraum schneller als normal.

KORALLENRIFF – Korallen (auch Blumentiere genannt) leben in großen Gruppen zusammen. Wenn sie sterben, entstehen Korallenriffe. Das Riff ist ein Zuhause für Millionen Tiere und Pflanzen unter Wasser.

LANDWIRTSCHAFT – Menschen, sogenannte Landwirte, bauen Pflanzen an und züchten Tiere.

MEERESSPIEGEL – Oberfläche des Meeres.

NACHFAHRE – Manche Tierarten sind sehr alt und es gibt sie heute noch, aber ein bisschen anders. Die bezeichnet man dann als Nachfahren.

NAHRUNGSKETTE – Die meisten Tiere fressen andere und werden selber gefressen. So entsteht eine Nahrungskette.

NEBELWALD – Ein tropischer Wald mit einer tiefliegenden Nebel- oder Wolkendecke.

PARKOUR – Eine Sportart, bei der man möglichst schnell und clever Hindernisse überwindet.

PFLANZENFRESSER – Ein Tier, das sich ausschließlich von Grünzeug ernährt. Nennt man auch Vegetarier.

RÄUBER – Ein Tier, das andere Tiere jagt, um diese zu fressen.

REPTIL – Ein wechselwarmes Tier, das von Hornschuppen oder Platten bedeckt ist und Eier legt.

SCHALL – Alles, was Mensch und Tier mit den Ohren hören.

SEUCHE – Wenn viele Tiere gleichzeitig krank werden oder sogar sterben.

SPEZIES – Anderes Wort für „Art".

STAUDAMM – Eine von Menschen gebaute Mauer in einem Fluss, um durch das fließende Wasser elektrischen Strom zu erzeugen.

STARK GEFÄHRDET – Eine Spezies, die in Zukunft höchstwahrscheinlich aussterben wird, da es nur noch sehr wenige Exemplare in freier Wildbahn gibt.

TIERBEHAUSUNG – Das Zuhause von Tieren.

TREIBHAUSGASE – Gase in der Atmosphäre (wie Kohlendioxid), die die Wärme von der Erde einfangen und sie wieder dorthin zurückstrahlen.

VEGAN – Wenn Lebewesen nichts essen, was von anderen Tieren stammt.

VEGETATION – Meint alle Pflanzen in einem bestimmten Gebiet.

VIEHWIRTSCHAFT – Menschen halten Tiere wie Kühe, Schweine oder Hühner, um Milch, Fleisch, Eier und vieles mehr zu bekommen.

VORFAHREN – Eine frühe Tier- oder Pflanzenart, aus denen sich spätere Arten entwickelten.

WILDERN – Das illegale Jagen von Tieren.

Dieses Buch ist Teil unseres Programms E. A. SEEMANNs BILDERBANDE.
Es umfasst Bücher und Spiele, die Kindern mit viel Spaß die bunte Welt der Kultur
eröffnen: Malerei, Architektur und Kulturgeschichte, Musik, Oper, Theater und Tanz.
Die BILDERBANDE macht Bücher zum Rätseln, Malen, Entdecken und Kunstmachen,
Geschichten zum Vorlesen und Spiele.
Mehr erfahren Sie auf www.seemann-henschel.de, wo wir auch zum Thema
„Kunst für Kinder" bloggen.
www.facebook.com/seemanns.bilderbande
www.instagram.com/seemann_henschel_verlagsgruppe

Die Originalausgabe erschien unter dem Titel
Danny Dodo's Detective Diary © 2021 Thames & Hudson Ltd, London
Illustrationen © 2021 Rob Hodgson
Deutsche Ausgabe © 2021 E. A. Seemann Verlag
in der E. A. Seemann Henschel GmbH & Co. KG, Leipzig
www.seemann-henschel.de

Projektmanagement: Caroline Keller
Lektorat: Victoria Gruber
Übersetzung: Alexandra Titze-Grabec, Wien
Satz: Gudrun Hommers, Berlin
Druck und Bindung: C & C Offset Printing Co. Ltd, China

Bibliografische Information der Deutschen Nationalbibliothek
Die Deutsche Nationalbibliothek verzeichnet diese Publikation in der Deutschen
Nationalbibliografie; detaillierte bibliografische Daten sind im Internet über
http://dnb.dnb.de abrufbar.

ISBN 978-3-86502-447-3